PUBLICATIONS POPULAIRES

LA SITUATION EN ALGÉRIE

PAR

LE CITOYEN BÉZY

Conseiller général du canton d'Aïn-Témouchent

VENTE CHEZ TOUS LES LIBRAIRES

Prix : 15 centimes

PUBLICATIONS POPULAIRES

LA SITUATION EN ALGÉRIE

PAR

LE CITOYEN BÉZY

Conseiller général du canton d'Aïn-Témouchent

SOMMAIRE [: *Les réformes en Algérie. — Le Gouverneur et la presse. — M. Journault et M. Godelle. — M. Chanzy, souvenir rétrospectif. — La politique à suivre.*

EN VENTE CHEZ TOUS LES LIBRAIRES

Prix : **15 centimes**

AUX COLONS ET AUX TRAVAILLEURS

Mes amis les producteurs des villes et des campagnes, c'est à vous que je m'adresse. Votre bon sens et votre travail ont, jusqu'ici, plus fait pour l'avenir de l'Algérie que tous les livres et tous les discours que l'on a pu écrire ou prononcer.

Vous avez obtenu des réformes sérieuses en vous groupant autour des députés et des élus de votre choix, et grâce à l'entente du parti auquel nous appartenons tous, on nous a accordé des changements de personnes qui doivent amener dans les institutions les modifications auxquelles a droit une population qui a le courage de travailler et l'intelligence de raisonner.

La République est le gouvernement de tous par tous ; elle sauvegarde la liberté et la dignité humaines ; elle doit arriver à produire une large répartition du bien-être au sein des classes qui, jusqu'ici, ont souffert et travaillé pour les autres.

Nous ne sommes plus aux temps où l'on faisait croire aux masses naïves que la vie humaine n'était qu'un court passage, et que ceux qui souffraient ici-bas trouveraient plus tard leur récompense dans un monde meilleur ! ! !

Nous voulons aujourd'hui, trouver le prix immédiat de nos labeurs, pour nous procurer les jouissances honnêtes que l'on ne saurait refuser, sans injustice, à ceux qui concourent à produire la richesse publique. Nous ne nous laissons plus exploiter par les prêtres et par les nobles, mais nous subissons trop souvent les dures exigences du capital.

Echapper aux imprescriptibles droits de ce capital qu'il faut pourtant respecter, si l'on ne veut pas compromettre une des bases de l'ordre social actuel, est chose difficile en France. L'épreuve semble au contraire facile en Algérie.

J'ai écrit, dans le temps, quelques articles à propos du « crédit » auquel les colons ont droit. Je disais en résumé ceci :

Le colon qui arrive sur une terre inculte et qui la met en culture, crée par son travail un capital ; mais pendant qu'il travaille, pendant qu'il défriche, pendant qu'il plante de la vigne, le colon doit s'endetter pour vivre, parce que les fruits de ses labeurs ne lui fourniront de quoi manger que plus tard ; et le prèteur qui intervient alors a des exigences telles, que le capital créé par le prolétaire devient tôt ou tard une proie, qui semble être la prime légitime de la paresse et de l'usure.

Et je concluais en demandant à l'Etat d'intervenir et de fournir aux colons les moyens de travailler pour eux, au lieu de produire pour les autres.

Ce que nous désirions tous va enfin se produire. C'est-à-dire que celui qui voudra travailler, trouvera de l'argent à cinq ou six pour cent, pour défricher, pour planter de la vigne et pour acheter des bestiaux. Cet argent, prêté au fur et à mesure des besoins constatés de l'emprunteur, sera remboursable en vingt-cinq ou trente ans.

Je n'ai pas la prétention d'avoir été le premier à lancer cette idée de « crédit » aux colons, qui n'est qu'une partie du « crédit » au travail que je voudrais voir appliquer dans toute société démocratique ; mais lorsque j'ai essayé de faire quelque bruit autour de ce système de prêts payables par annuités, je savais que ma voix trouverait un écho puissant.

M. Albert Grévy venait d'être, heureusement pour nous, nommé Gouverneur général de la colonie. Doué d'une intelligence politique indiscutable, bon républicain, honnête homme dans toute la force du terme, connu en France, où il occupait dans le Parlement une haute situation largement méritée et dignement acquise, le nouveau fonctionnaire s'était déjà préoccupé de la situation faite à nos colons, et de la possibilité d'améliorer leur sort. Les conditions dans lesquelles se trouve ce sol algérien, qui, inculte et improductif aujourd'hui, devient dans quelques jours susceptible de produire un gros revenu, grâces à un travail qui n'exige que de faibles avances, permettaient d'inaugurer un système nouveau. Il comprit que la justice républicaine voulait que la production de cette richesse foncière profitâ surtout au travail qui l'aurait créée, et il chercha le moyen d'atteindre ce but.

Le moyen est aujourd'hui trouvé: un projet de loi rédigé par le Gouverneur, appuyé par le Conseil supérieur de l'Algérie, approuvé par le Gouvernement, a été proposé à la Chambre des députés. Il est certain que les Parlements en voteront le contenu. Ce projet constitue, au bénéfice des terres des colons, un privilège qui garantira aux bailleurs de fonds les sommes prêtées pour l'amélioration du sol. Et à côté de cette loi, pour en rendre les effets pratiques, les Chambres auront également à approuver un marché, avec un puissant établissement financier, qui, sous le contrôle de l'Etat, avancera aux colons les sommes nécessaires à la mise en valeur de leurs terres, sommes qui seront remboursables en 25 ou 30 annuités.

Je vous le demande, n'est-ce pas là la fortune pour ceux qui voudront travailler?

Quand vous aurez des terres que l'on vous donnera, ou qui ne vous auront presque rien coûté, vous trouverez de l'argent pour défricher, pour semer, pour planter de la vigne.

Pour un hectare à défricher et à semer, on vous prêtera trois cents francs par exemple; vous aurez 16 ou 18 francs par an à payer pendant vingt-cinq ans, et, ce temps passé, vous, ou vos enfants, serez complètement libérés.

Pour la vigne il en sera de même, avec cette différence que j'espère voir introduire dans le traité, que vous n'aurez rien à payer avant la fin de la troisième année, terme après lequel le cep commence à produire dans nos pays.

Selon moi, il y a là la, solution d'une partie du problème social. C'est le commencement de l'œuvre du Gouverneur, cet homme que les ennemis du système civil ont accusé de n'avoir encore rien fait pour l'Algérie.

Ce sont ces accusations ineptes, dont la Chambre et tous les gens de sens commun ont fait bonne et saine justice, qui m'ont décidé à écrire cette petite brochure.

Je ne crois pas à la moindre influence des détrac-
teurs plus ou moins consciencieux du Gouverneur
actuel; mais, comme ces messieurs font consciem-
ment ou inconsciemment le jeu des bonapartistes et
des partisans du système militaire en Algérie, il est
bon que chacun sache la vérité, malgré la mauvaise
habitude de M. Grévy, qui travaille silencieusement
et opiniâtrement dans son cabinet et qui croit qu'il
suffit de faire le bien pour imposer silence à la ca-
lomnie.

J'ai dit quelle était la situation à propos de cette
grande question du crédit aux colons; j'espère qu'à
la suite de la création des conseils de prud'hommes
— encore une amélioration due au nouveau Gouverneur — les corps ouvriers se constitueront en syn-
dicats, et pourront fournir au capital une garantie,
qui permettra de faire aux travailleurs des villes les
mêmes avantages qu'aux travailleurs des campagnes.

Cette question était celle qui s'imposait la première,
et un vote, que la Chambre ne saurait retarder, va la
résoudre.

A ce propos j'ai entendu dire : Pourquoi le Gouverneur n'a-t-il pas immédiatement tranché cette question, et tant d'autres qui s'imposent, par des décrets.

Il en avait le droit ; pourquoi s'est-il soumis aux lenteurs législatives ?

La réponse à cette insinuation malveillante est
facile.

L'Algérie a eu trop à souffrir du régime des décrets
pour qu'un partisan du régime de la loi pût consentir
à se servir de cette arme et à fournir ainsi un argu-
ment à ceux qui auraient voulu en faire usage après
lui, et contre son œuvre peut-être.

Jamais on n'a suivi une ligne sérieuse en Algérie,
parce que, grâce au régime condamné depuis longtemps, on pouvait défaire par un décret ce qu'un
décret précédent avait créé ; on flottait au gré du
caprice des hommes qui se succédaient, au lieu de
marcher d'un pas ferme et sûr dans une voie tracée
par des lois sagement étudiées et immuablement éta-
blies.

Les Parlements nationaux renferment de grandes
et belles intelligences, et leur concours devait être
précieux pour l'Algérie. Le Gouverneur aurait eu
tort de le négliger.

De plus, des Parlements peuvent seuls nous fournir
les subsides nécessaires à la réalisation des réformes
que nous réclamions en vain depuis de si nombreu-
ses années, et, à ce titre, il était tout naturel de les

consulter et de leur faire voter des mesures au succès desquelles ils se trouveront ainsi doublement intéressés.

Il y a peut-être une autre raison qui a décidé notre Gouverneur à saisir les chambres de ses projets de réforme, et, bien que je ne l'ai jamais entendu formuler par personne, je crois à son existence.

M. Albert Grévy est profondément Français : il est de ceux qui aiment passionnément le pays qui a fait la Révolution, qui a le premier jeté le cri de liberté aux échos du vieux monde étonné, et qui, malgré ses fautes, malgré ses malheurs et ses épreuves, sera toujours à l'avant-garde des nations qui marchent et qui progressent. Il a eu, dès son arrivée parmi nous, sous les yeux, quelques articles de ces journaux qui lancent maladroitement des idées qui, croyez-le, sont mal vues en France, parce qu'elles font croire à un désir d'émancipation et de séparation qui heureusement n'existe pas, mais dont on pouvait soupçonner le germe. Et alors, en bon républicain et en bon Français, M. Grévy s'est volontairement effacé, pour faire exécuter par les Chambres ce que le gouverneur aurait pu exécuter lui-même ; il n'a pas voulu isoler l'action d'un agent du Gouvernement français de celle de ce gouvernement ; il a voulu affirmer une fois de plus l'indissoluble unité qui existe sur tout le territoire de la République et à laquelle des incapables ou des indignes pourraient seuls songer à porter atteinte.

Au risque de supporter quelques lenteurs qui devaient assurer le succès de l'œuvre, il a voulu bâtir solidement sur la base inébranlable de la loi, au lieu d'édifier sur le sable mobile des décrets.

Une fois ce principe admis, qu'a-t-il fait ? Il a étudié lui-même, et sérieusement, je vous assure, les besoins de la Colonie ; puis il a préparé des projets de loi qu'il a soumis à l'appréciation des délégués des Conseils généraux.

Au Conseil supérieur, ces projets ont été *unanimement* approuvés par vos représentants, et, à la fin de leur session, les délégués offraient au Gouverneur un banquet au cours duquel le vice-président M. Lagrange lui adressait un discours où je retrouve ces paroles :

« Nous avons voulu, par une démarche UNANIME
» et SANS PRÉCÉDENTS, affirmer la parfaite entente qui
» existe entre vous et les délégués de la population. »

C'est aussi pendant ce banquet que M. Journault, posant affectueusement la main sur le bras de M. Grévy, nous disait :

« J'apporte tout mon dévoûment et mon concours

» le plus absolu à M. Albert Grévy, que j'appelle, de-
» vant vous, M. le Gouverneur, mais qui me permet,
» quand nous sommes dans l'intimité, de l'appeler
» mon ami. »

Ce qui ne l'empêchait pas, à quelques jours de là,
de se livrer, contre *son ami*, à des manœuvres que
j'aurais certainement racontées si M. Journault eût
été candidat à Oran, et sur lesquelles je me tais aujourd'hui, parce que je ne vois aucun intérêt à les
divulguer. Ce récit, d'ailleurs, ne ferait qu'affliger
ceux qui se souviennent que le coupable fut autrefois
un bon républicain. Décidément, l'ambition fait souvent faire de grosses sottises ! Passons.

Comme bien vous le pensez, cette entente du Gouverneur et des populations, qui amènera le triomphe
définitif du régime civil et le peuplement de la Colonie, n'a pas été du goût des partisans de l'ancien
système. Ces gens-là luttent sourdement, et ils se
servent, pour mettre des bâtons dans nos roues, de
leurs anciens amis et de politiques naïfs ou jobards
qu'ils ont lancés dans une polémique absurde, polémique qui a pour résultat de nous faire passer pour
des gens peu sérieux en France.

Que voulez-vous, en effet, que pensent de nous les
hommes qui raisonnent, lorsqu'ils lisent dans cer-

tains journaux à quelques jours de distance des articles qui peuvent se résumer ainsi :

PREMIER ARTICLE

« Haro ! sur M. Pomel, parce que M. Pomel, sénateur, élu du peuple, a accepté une fonction rétribuée. Une pareille conduite le rend indigne de la confiance de ses concitoyens. C'est un homme fini ! »

DEUXIÈME ARTICLE (*quinze jours après*)

« Vive M. Journault ! parce que M. Journault a donné — forcément — sa démission d'une fonction pour laquelle il avait abandonné son mandat de député. Une pareille conduite le rend digne de la confiance des citoyens d'un pays dans lequel il a passé au moins trois semaines. C'est l'homme qu'il nous faut ! »

« Ah ! ça, se dit le lecteur qui raisonne, M. Pomel
» a commis un grand crime parce que, étant élu
» du peuple, il a accepté une fonction de six mille
» francs par an, que sa réputation méritée de savant
» le rend parfaitement apte à remplir, et M. Jour
» nault est un grand homme ! et pourtant il a fait la
« même chose.

» Il a fait la même chose, car, élu du peuple de
» Seine-et-Oise, il a carrément, et dans les 24 heures,
» lâché ses électeurs et le mandat qui lui avait été
» confié, pour une fonction également salariée par
» l'Etat. Il est vrai que le salaire était de trente mille
» francs par an, et que M. Journault devait avoir, sur
» la Colonie, les notions d'un voyageur qui a par-
» couru un pays pendant quinze jours.

» Il est vrai que le F∴ Journault savait jouer de la
» franc-maçonnerie ; seulement, comme il n'était
» qu'*apprenti,* il commettait quelquefois des confu-
» sions regrettables. A la loge de Bélisaire, il se
» laissait appeler : «*Monsieur le Secrétaire général*»,
» acceptait les réceptions agrémentées de voûtes
» d'acier et autres cérémonies réservées aux plus
» hauts grades, tandis que, lorsqu'il écrivait une
» lettre administrative, il traitait son correspondant
» de F∴, il se livrait à des appréciations philosophi-
» ques au sujet de l'incorruptible acacia, et il signait
» en faisant des triangles, ou en se coupant le cœur
» en quatre avec le pouce de la main droite, ce qui
» est le comble de la fraternité maçonnique.

» Comment ces Algériens peuvent-ils trouver très
» bien chez l'un ce qu'ils trouvent très mauvais chez
» l'autre ?

» Cette façon de juger les choses doit tenir au cli-
» mat ! Je consulterai à cet égard le directeur du
» bureau des longitudes. »

Si cette attitude ne compromettait que ceux qui la prennent, je m'en affligerais, parce qu'il est toujours pénible de voir de braves garçons se laisser dévoyer, grâces à des influences pernicieuses dont ils ne comprennent pas les calculs; mais mon affliction aurait un tempérament. Malheureusement ces folies compromettent le système civil, et concourent à fortifier, en France, l'opinion peu flatteuse qu'avaient fait naître à notre endroit les mensonges habiles des anciens fonctionnaires du pouvoir militaire.

Quand j'entends des journalistes algériens s'écrier:

« L'opinion unanime des républicains de la Cham-
» bre, celle de la presse républicaine de Paris, ne
» sont rien. Tous les hommes qui ont acquis, dans
» une longue série d'étude, de souffrances, de dé-
» voûment, une expérience et une célébrité qui font
» la gloire de notre pays, se trompent; il n'y a que
» nous qui soyons capables de juger sainement les
» choses ! »

Je me dis forcément ceci:

Ces criards sont ou des aveugles, ou des agents provocateurs, qui font les affaires de nos ennemis !

Les uns critiquent par système, ou par rancune personnelle, ceux-là crieront toujours; mais les autres pensent faire preuve d'indépendance, et ils se sont laissés entraîner par une exagération de générosité mal comprise, croyant soutenir une victime du pouvoir, tandis qu'ils ne défendaient en réalité qu'une ambitieux qui avait oublié les devoirs de la discipline républicaine et ceux qu'aurait dû lui imposer une vieille amitié, dont il avait déjà profité pour obtenir une haute fonction.

Et pendant ce temps là, les partisans du pouvoir militaire, qui n'ont jamais remisé leurs espérances, se frottent les mains, s'attendant à profiter bientôt des attaques qu'ils inspirent plus ou moins directement, à ceux qui servent leur cause soit volontairement, soit sans s'en douter.

Voyons un peu les réformes que nous réclamions, et que toute la presse demandait avec nous, et constatons ce que nous avons obtenu depuis une année.

Nous voulions d'abord un gouverneur vraiment civil, un gouverneur *civil civil.*

Nous avons un gouverneur civil civil,

Cette répétition est nécessaire à la suite de ce qui s'est passé.

D'après la loi, il y a longtemps déjà que nous devions avoir un gouverneur civil, c'est pour l'appliquer que l'on nous expédia un général. Quelques timides observations s'élevèrent du sein d'une foule qui croyait — à tort du reste — connaître le sens des mots.

— Pardon, disaient ces rumeurs, il nous semblait avoir droit à un gouverneur civil.

— Comment donc, répondit le gouvernement, représenté par un homme dont les spirituels discours, font et feront pendant longtemps encore le plus bel ornement de la collection du *Tintamarre*, c'tainement, v'ez droit. Puis'près ?

— Mais vous nous envoyez un militaire !

— Eh bien oui, m'litaire, p'ssible, mais est m'litaire g'verneur civil. Suis pas un imbécile. Respecte c'stitution. Y suis, y reste.

Et comme il ne connaissait que cela et la chartreuse, il n'y eut pas moyen de lui tirer autre chose.

On fit donc semblant de croire qu'un gouverneur militaire était un gouverneur civil, conformément à la lumineuse explication ci-dessus énoncée, et on avala Chanzy avec le désir d'en tirer le meilleur parti possible.

Si jamais une assemblée réactionnaire et inintelligente, dont le retour au pouvoir n'est du reste plus à craindre opérait sa rentrée au palais Boubon,

Si elle édictait une loi à peu près ainsi conçue :

Article premier. — L'Algérie sera gouvernée par un gouverneur militaire.

Art. 2. — L'administration des bureaux arabes reprendra la direction des indigènes, et les économies de ces derniers reprendront celle (la direction) de la caisse noire.

Etc.

Et si, à la suite de cette loi, un chef du pouvoir exécutif, ami d'une douce gaîté, désignait pour gouverneur général un avocat ou un ancien notaire, en lui conférant le titre de gouverneur militaire, je me demande, sans chercher longtemps la réponse, quelle serait l'attitude de nos ennemis ?

Et pourtant, notre bonne volonté était si grande, que nous fîmes semblant de croire que M. Chanzy, ancien officier des bureaux arabes, était bien réellement un gouverneur civil.

Mais les états de siège, les petits cadeaux indigènes, les suppressions de journaux, nous forcèrent bientôt à reconnaître que le dit gouverneur n'avait aucun caractère de *civilité* pas même de cette civilité puérile et *honnête*, dont les traités sont entre les mains de tous les moutards de huit ans.

L'Algérie en masse s'insurgea et réclama à grands cris un gouverneur civil *qui ne fut pas militaire*. Le coup du *militaire-civil,* qu'on nous avait déjà fait, nécessitait ce pléonasme.

En 1878, Chanzy était fortement ébranlé, et un nombre respectable de bêtises avait envoyé son prestige rejoindre les neiges d'antan. Quelques mesures odieuses, et quelques équipées ridicules, l'avaient rendu impossible. Les scandales du mariage de sa fille, et la protection ouverte qu'il avait accordée au sous-préfet de Tlemcen Gobron, lui avaient enlevé ses derniers partisans. Les histoires du mariage de sa fille surtout. J'avoue que je ne puis jamais songer à cette dernière aventure sans éprouver une forte envie de rire, et sans pardonner en partie au sieur Chanzy les démarches haineuses auxquelles il s'est livré contre moi, en considération de ce qui s'est passé à ce propos.

Le lecteur se ferait difficilement une idée des pintes de bon sang que je me suis fait à cette époque.

Nous savions absolument tout ce qui se passait par un haut fonctionnaire qui approchait M. Chanzy, et qui professait pour lui une haine de peau-rouge déguisée sous les voiles trompeurs du plus profond respect. Grâces à des indiscrétions peu délicates, je le reconnais, mais que nous n'allions pas chercher, nous avions lancé des articles dans les journaux, brossés avec un soin pieux, de façon à être aussi désagréable que possible à notre ex-proconsul militaire. Frappé de l'exactitude des détails publiés et qu'il ne pouvait pas démentir, le nouveau beau-père se livra à une campagne inquisitoriale des plus cocasses au sein de son personnel: il fouilla les cœurs et sonda les reins; il chercha partout, il fit interroger et ne put pas découvrir la source des indiscrétions qui l'horripilaient. On m'a assuré qu'il avait eu dès lors un commencement de jaunisse, maladie qui rend fort dangereux, pour ceux qui en sont atteints, le séjour des pays chauds. C'est pour cela, sans doute, que ses amis ont obtenu pour lui l'ambassade de Saint-Pétersbourg.

Ce fut vers la fin de cette année 1878 qu'un jeune député de nos amis, M. Thomson, membre de l'extrême gauche, s'arrêta quelques jours dans notre ville. Il y eut une réunion à la mairie, et l'on demanda au voyageur parlementaire s'il y avait quelque espoir d'être bientôt débarrassé de M. Chanzy, et, dans le cas de l'affirmative, quel serait son remplaçant probable.

M. Thomson nous répondit que le Conseil des ministres, renseigné à la suite du voyage de M. Savary — ce sous-secrétaire d'Etat qui, entre autres bonnes choses, empêcha M. Chanzy — dit l'aimable — de me faire coffrer, ce dont je suis bien aise de lui manifester ici, publiquement, ma vive reconnaissance — que le Conseil, dis-je, imposerait à M. de Mac-Mahon le remplacement du gouverneur. Et, comme candidats probables, il nous désigna M. Albert Joly, M. Krantz, M. Savary et M. Albert Grévy. Ce dernier, selon lui, avait les plus grandes chances. Parlementaire de talent, occupant une haute situation dans l'Assemblée — il était alors président du centre gauche — il avait donné les preuves de la plus grande énergie à la tête de la commission chargée de faire une enquête sur les agissements des hommes du 16 Mai.

Bref, il sut nous convaincre que l'acquisition de M. Albert Grévy serait ce qui pourrait nous arriver de plus heureux.

A quelque temps de là, M. de Mac-Mahon, au lieu de continuer son éternel refrain « j'y reste », eut la seule bonne idée — idée qui a fait oublier en grande partie toutes les sottises de son gouvernement qui fut surtout le règne de la bêtise en culotte de peau — de s'écrier : « Je n'y reste plus. » On le prit au mot, et M. Jules Grévy fut élu président malgré la concurrence peu inquiétante de Chanzy.

M. Albert Grévy restait, malgré cela, le même homme qu'il était la veille ; il était, en plus, le frère du Président, accident auquel, par les temps que nous traversons, se trouve exposé le premier venu.... qui a pour frère un homme jouissant d'une grande réputation de talent et d'honnêteté. Cet évènement n'avait qu'un résultat : il augmentait peut-être l'influence de M. Albert Grévy. Ce motif ne parut pas de nature à décider nos représentants à priver l'Algérie de son concours, et ils insistèrent comme ils avaient insisté auparavant, pensant qu'il serait heureux pour nous de voir nos affaires entre les mains d'un citoyen digne, à tous égards, de l'estime de tous les républicains, et, en outre, jouissant d'une influence qui lui permettrait d'obtenir pour l'Algérie ce qu'un autre, peut-être, n'eût pas obtenu.

Je serais fort étonné que tout le monde n'approuvât pas cette conduite.

J'ai déjà signalé, en commençant cette brochure, la première réforme réalisée, réforme à laquelle il ne manque plus que l'approbation des Parlements. Elle aura pour effet de jeter le bien-être au sein de la classe des colons laborieux.

A côté d'elles le Gouverneur en a préparé plusieurs autres ; quelques-unes sont mures : celles de l'extension du territoire civil, celle de l'exécution des grands travaux publics, celle de l'état civil des indigènes et celle de l'organisation de la justice musulmane.

D'autres sont à l'étude, et en première ligne je dois signaler la question du plan général de colonisation et de peuplement.

Un mot sur chacune d'elles.

Extension du territoire civil. — Un projet complet, adopté, du reste, par la Commission parlementaire qui a été chargée de l'étudier, permettra d'étendre, dans les trois provinces, jusques à la ligne de partage des eaux des hauts plateaux, l'organisation du système civil. Au cours de la session du Conseil supérieur, tous vos délégués ont chaudement approuvé cette mesure. Le géneral en chef, l'honorable M. Saussier, au patriotisme duquel M. Grévy rendait, il y a quelques jours, à la tribune, un hommage mérité, aux applaudissements de tous les républicains de la Chambre, a déclaré que le régime militaire n'était plus nécessaire au maintien de l'ordre dans ces régions. Elles vont donc être organisées en communes mixtes, et passeront bientôt après, sous le régime du droit commun.

Travaux publics. — Toutes les sommes réclamées par le Conseil supérieur seront sans aucun doute votées. Les chemins de fer seront construits, et les travaux commenceront dans un délai de quelques jours. La région d'Aïn-Témouchent, entre autres, pourra certainement expédier sa récolte de 1881, par la voie ferrée qui la réunira à Oran, et ce railway sera livré jusqu'à Tlemcen avant la fin de 1882.

Etat civil des indigènes et justice musulmane. — Jusqu'ici on ne s'était pas préoccupé d'établir des registres de l'état civil pour les indigènes. Cette négligence, calculée peut-être, avait pour résultat d'empêcher d'établir les filiations, et rendait inutile le travail de la constitution de la propriété indigène, qu'il aurait fallu recommencer à chaque génération. Une cause de désorganisation se rencontrait dans la loi qui permettait aux indigènes de porter les contestations relatives aux héritages devant les tribunaux musulmans. Le Gouverneur a compris qu'il fallait faire cesser cet état de choses, et le projet de loi qui va être voté permettra d'établir l'état civil de chaque indigène, et créera, comme il l'a dit, l'*individu* sans lequel *la propriété individuelle* devenait un vain mot. De plus les litiges relatifs aux successions seront portés devant nos tribunaux et réglés d'après nos principes.

Enfin, un *plan général de colonisation et de peuple-ment !* aujourd'hui à l'étude, permettra, dans une année au plus tard, d'arrêter définitivement l'organisation de ce pays, dans lequel on pourra probablement tailler sept beaux départements français.

Comme je vous l'ai dit, des projets deloi réglant toutes ces réformes, sauf la dernière, sont déposés à la Chambre, qui aura à les voter ; et c'est au moment où leur mise en pratique va décider une véritable révolution dans notre Colonie, qu'une cabale essaie d'arrêter notre marche en avant, en attaquant le Gouverneur.

Si ce n'est pas les partisans de l'Autorité militaire qui ont préparé ce coup, qui a été un coup d'épée dans l'eau, je me demande d'où a pu partir l'attaque.

M. Journault, dont le libéralisme m'a paru suspect depuis que j'ai connu le nom de certains hommes dont il devait s'entourer, s'il était parvenu à rempla-cer le gouverneur, a donné, par une maladresse, cal-culée, le prétexte d'une campagne qui aurait pu compromettre le système civil.

Il a trouvé comme auxiliaire un homme dont l'Al-gérie doit se souvenir et se méfier : le député Godelle

Le député Godelle, dont le nom apparaît au peuple orné du double qualificatif de bonapartiste et d'ancien magistrat, a cru pouvoir traiter de « déclassés » les Algériens qui soutiennent l'excellente politique du Gouverneur et qui rêvent la grandeur de notre Colonie.

Cet ancien procureur, a oublié qu'il n'était plus aux beaux jours pendant lesquels il pouvait, à l'abri des plis officiels de sa robe de procureur, insulter lâchement quelques républicains, traduits à la barre de la correctionnelle pour délit politique. Il s'est fait donner une verte leçon.

Cet aimable paroissien, qui traite les autres de *déclassés*, a été pour quinze jours mis à la porte du Parlement, où il ne sera probablement jamais *classé* dans le groupe des orateurs polis et convenables. En revanche, il tiendra toujours son rang à la tête du groupe des parleurs inutiles ennuyeux.

Ce Godelle avait essayé, au moment où il avait lancé son interpellation, de mêler au débat le nom du Président de la République. Il avait été prévenu, avant la discussion, que le président de la Chambre ne tolérerait pas qu'il se permît de nouveau de mettre en cause d'une façon quelconque le premier magistrat de la nation. Tenant à déprécier la tribune française èt à faire dégénérer la discussion en ce que ces Messieurs de l'opposition appellent gracieusement *un boucan*, ce dit Godelle est revenu sur la parenté du gouverneur avec le président, parenté qui n'avait rien à voir dans l'affaire. Aidé de ses amis, il était arrivé, après l'éclatant triomphe du M. A. Grévy, à soulever une de ces tempêtes dont peuvent se faire une idée ceux-là seuls qui ont vu les droitiers de la Chambre dans leurs beaux jours de dévergondage, après une de ces défaites dont ils auraient pourtant dû prendre l'habitude.

Pour la dignité du Parlement, pour celle du pays, il fallait un exemple sévère, et tous ceux qui assistaient à cette orageuse séance, ont chaudement approuvé la rigidité du président Gambetta. Au moment du vote qui a décidé l'expulsion du député bonapartiste, ses amis essayèrent d'attendrir les membres de l'extrême gauche, en faisant appel à leurs sentiments de libéralisme. Interpellé par eux dans les couloirs, Clémenceau répondit :

— Tous mes amis et moi, nous voterons l'expulsion de M. Godelle, parce qu'il est temps que tous vos scandales finissent ; et si j'avais un reproche à faire au président, ce ne serait pas au sujet de sa juste sévérité d'aujourd'hui, mais bien au sujet de sa trop longue patience à votre égard.

C'est ce magistrat peu athénien que les ennemis du gouvernement avaient choisi pour porter la parole à la tribune française.

M. Godelle n'avait d'autres documents que la lettre de M. Journault, une collection de l'*Akhbar* et de *la Vigie*, et les confidences d'un de ses anciens collègues, un magistrat révoqué, le si tristement célèbre Bastien. *La Vigie algérienne* et Bastien enrôlés sous la bannière de Godelle et marchant d'accord !!! Cela seul aurait dû déterminer un changement d'attitude chez les quelques rédacteurs d'une partie de la presse algérienne qui avaient fait fausse route, et devraient bien renoncer à la prétention d'être infaillible.

Le Gouverneur, dans l'éloquente réponse qui a enlevé les applaudissements de la Chambre, a durement qualifié, il est vrai, ces organes de la presse, mais, ma foi, quand on marche d'accord avec Godelle, avec le *Gaulois*, avec le *Pays* et avec Bastien, on n'a guère le droit de demander des égards. Quand on est républicain sincère, et partisan convaincu du système civil en Algérie, on quitte, si on s'y est fourvoyé, le camp ennemi, lorsque l'on constate que le milieu dans lequel on se trouve est compromettant.

Que l'*Echo d'Oran*, que l'*Akhbar* d'Alger, dont les antécédents et les origines sont connus, essaient de disloquer notre parti, rien ne m'étonne d'eux. Il y a parmi les rédacteurs de ces feuilles de vieux partisans du régime militaire, il y a des écrivains qui demandaient la tête de Rochefort, et qui excitaient par leurs applaudissements les rigueurs du parti victorieux au lendemain de la chute de la Commune, et ceux-là je m'en préoccupe peu ; la valeur de leurs attaques est cotée. Ce qui m'afflige, c'est de voir l'entraînement qu'ont subi des hommes dont je connais la parfaite honorabilité et dont la religion a été surprise.

Aux premiers, je n'ai rien à dire ; je sais ce que vaut leur opposition ; mais aux autres, qui sont mes amis, je crierai : examinez donc la situation et ne vous exposez pas, en créant la division parmi nous, à compromettre l'existence de ce Gouvernement civil que nous avons eu tant de peine à obtenir. Du reste, je crois à la bonne foi de ceux auxquels je m'adresse, à celle des rédacteurs de *l'Atlas* entre autres, et je les sais trop démocrates pour ne pas être certain de leur concours le jour où ils verront la vérité ; et ce jour n'est pas éloigné.

Je n'ai aucun mandat, autre que celui que tout écrivain a le droit de se donner à lui-même quand il aime son pays. Ce que j'écris n'a rien d'officiel ni d'officieux. Mais, grâces à la délégation dont m'avait honoré le Conseil général d'Oran, et grâces à ma présence au Conseil supérieur, je me suis trouvé mêlé à une série d'évènements qui m'ont permis de me faire une opinion que je crois juste. Je tiens à faire envisager la situation telle qu'elle est, par ceux qui ne veulent pas s'exposer à faire revenir le pouvoir militaire, représenté par un général ou un amiral, voire même l'amiral Jaurès, dont *l'Akhbar*, resté fidèle à son vieux fanatisme, réclamait la nomination il y a quelques jours à peine.

Le Gouvernement civil est fondé ; c'est à nous de le maintenir, si nous voulons en profiter. Il repose sur des bases solides ; il est confié à un fonctionnaire dont le passé, qui ne s'est jamais démenti, nous donne d'indiscutables garanties. Groupons-nous autour de lui, formons un parti de gouvernement, suivons la voie que nous ont tracée nos élus.

Je n'ai pas besoin de dire que je ne suis pas de ceux qui poussent un parti à s'inféoder à un homme quel qu'il soit, et je serais le premier à pousser un cri de révolte, si jamais M. Albert Grévy manquait aux devoirs qu'impose la foi républicaine. Mais je suis tranquille à ce sujet, je sais que nous avons en lui un chef qui pendant une longue et irréprochable carrière a donné au parti des gages qui nous permettent d'accepter sans crainte sa direction.

La discipline et l'esprit d'ordre sont nécessaires au triomphe d'un parti ; je supplie donc tous ceux qui veulent le triomphe de nos idées, de ne pas subir des entrainements dangereux, et de se méfier des perfides conseils de ceux qui veulent la ruine de notre cause.

Soyons unis et travaillons.

Vive la République !

BÉZY.

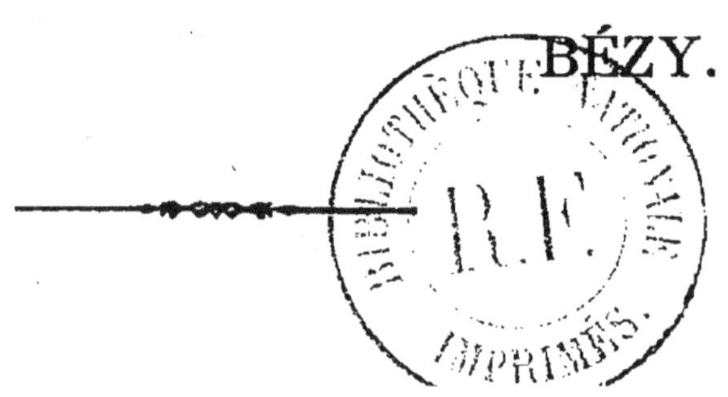